ACADÉMIE ROYALE

DES

SCIENCES, ARTS ET BELLES-LETTRES

DE CAEN.

NOTICE

SUR

LE BON-SAUVEUR,

LUE A L'ACADÉMIE ROYALE DES SCIENCES, ARTS ET BELLES-LETTRES DE CAEN,

PAR M. LAMOUROUX,

PROFESSEUR D'HISTOIRE NATURELLE, CORRESPONDANT DE L'INSTITUT ROYAL DE FRANCE, MEMBRE DE PLUSIEURS SOCIÉTÉS SAVANTES, NATIONALES ET ÉTRANGÈRES.

CAEN,

DE L'IMPRIMERIE DE F. POISSON, RUE FROIDE.

1824.

NOTICE

SUR

LE BON-SAUVEUR.

Lorsqu'un établissement est remarquable par les nombreux objets qu'il renferme, lorsque les journaux de la capitale ont révélé son existence à l'Europe, et que tous les étrangers instruits s'empressent de le visiter, n'est-il pas étonnant qu'il soit presque inconnu des habitans de la cité qui le possède ? Tel est cependant le Bon-Sauveur de Caen, que l'on regarde simplement comme un hospice où l'on reçoit les aliénés, comme une institution pour l'instruction des sourds-muets.

Je partageais l'opinion générale ; mais ayant visité, dans toutes ses parties, dans tous ses détails, ce vaste établissement, sous la conduite de M. l'abbé Jamet, qui l'a formé, je fus surpris de l'ignorance où l'on était sur un objet d'une aussi grande utilité pour le Calvados et pour les départemens voisins. Le faire connaître au public , me parut avantageux sous mille rapports , afin de détruire les préjugés les fausses idées que la malveillance ou la jalousie auraient pu faire naître. C'est là que la charité chrétienne s'exerce dans toute sa plénitude : douce et modeste , cette vertu, caractère essentiel de notre sublime religion, semble être l'apanage naturel des personnes de tout sexe qui appartiennent au Bon-Sauveur. Il est facile de s'en convaincre en visitant cet établissement , un des plus considérables de ceux du même genre que l'on trouve en France. La description que j'en donnerai sera courte , incomplète ; elle aurait été beaucoup mieux faite par l'homme habile qui a créé , qui a dirigé et qui dirige encore ce vaste ensemble d'institutions diverses ; j'ai osé le prévenir : puisse mon ouvrage l'engager à en publier un plus étendu, plus développé , dans lequel il fera connaître l'histoire du Bon-Sauveur de Caen, et les moyens qu'il a dû employer pour parvenir au but qu'il s'est proposé. Je ne doute point que l'administrateur , le professeur , le médecin et même le ministre des autels , n'y puisent de nouvelles connaissances et ne profitent de la longue expérience de M. Jamet.

Quant à moi , je me bornerai à décrire ce

que j'ai vu en visitant ces nombreux établissemens, cette réunion d'objets si variés et si utiles à l'humanité, dont se compose le Bon-Sauveur.

Dans une même enceinte, on voit plusieurs bâtimens distincts, dont le plus grand n'est occupé que par les aliénés; il est partagé en deux parties, qui, au moyen de murs épais et fort élevés, n'ont entre elles aucune communication; l'une est consacrée aux hommes, l'autre aux femmes. Ces infortunés y sont classés suivant le genre de leur maladie, et chaque classe est sous-divisée suivant l'état et la pension que paient les malades : quelques-uns ont une maison entière avec un petit jardin pour leur amusement ou la promenade ; d'autres jouissent d'un appartement complet; beaucoup habitent des chambres meublées avec une élégante simplicité ; ils peuvent s'isoler, lorsque la compagnie les fatigue ; et, si des momens lucides leur permettent de juger leur état, rien ne les inquiète, rien ne les trouble. Des gardes-malades qui ne les quittent jamais, se plient à leurs caprices lorsqu'ils ne peuvent nuire, et cherchent à leur rendre la vie aussi agréable qu'elle peut l'être dans leur malheureuse situation : le nombre de ces gardes varie suivant le degré de la maladie; plusieurs aliénés, appartenant à de riches familles, ont constamment auprès d'eux des personnes spécialement chargées de surveiller et de soigner des êtres chéris, que la raison a peut-être abandonnés pour toujours.

Les soins de tout genre sont prodigués aux malades ; les uns sont destinés à guérir le physique, les autres le moral; leur réunion est presque toujours nécessaire, un seul ne suffit pas : ni la durée, ni le degré de la maladie ne les font suspendre, et l'on a vu souvent la raison ne donner des signes de retour qu'après dix ans d'un traitement assidu. Deux médecins distingués de cette ville, MM. Trouvé et Dominel, nos confrères, visitent chaque jour les malades, et même plus souvent, lorsqu'il y a nécessité.

Un grand nombre de dames de la maison, non contentes de surveiller constamment les gardes dans les soins qu'exigent les aliénés, donnent elles-mêmes à ceux-ci tous les secours dont elles sont capables. Je ne pense pas que l'on puisse comparer les soins que ces malades recevaient autrefois des salariés, à ceux que leur rendent des femmes que nul intérêt ne guide, dont le dévouement est sans bornes, à qui la religion commande et qu'elle dirige : la résignation est leur premier devoir ; le dégoût pour les choses les plus désagréables leur est inconnu : on trouve en elles, au plus haut degré, cette patience et cette douceur inaltérables, qui font le plus bel apanage de leur sexe. Qui de nous, aux différentes époques de la vie, n'en a pas éprouvé les effets de la part d'une mère, d'une sœur, d'une épouse ?

Le caractère d'un homme se plie difficilement à ces soins minutieux et non interrompus que les femmes rendent sans peine : des hommes, et surtout des hommes à gages, habitués à voir des aliénés attaqués de toutes sortes de folies, en proie à toutes sortes de maladies, s'affectent peu des souffrances de ces infortunés, ils les soignent tant bien que mal, et bien rarement un mot de pitié, de consolation sort de leur bouche ; presque toujours gouvernés avec brutalité dans les anciennes maisons de fous, les aliénés ne tardaient pas à perdre le peu de raison qui pouvait leur rester ; les momens lucides devenaient chaque jour plus rares, la maladie parvenait rapidement à son dernier période, et la plupart de ces malheureux périssaient presque sans secours dans des accès de rage et de fureur. Quelle différence de leur situation au Bon-Sauveur! Ceux que l'on regarde comme incurables reçoivent les mêmes soins que ceux qu'on a l'espoir de guérir ; et ces derniers , rendus à la raison , rentrés dans le sein de leur famille, n'oublieront jamais les personnes qui mirent fin à leurs souffrances. Le nombre des aliénés sortis du Bon-Sauveur parfaitement guéris est très-considérable ; c'est un fait facile à vérifier.

L'habillement des aliénés varie suivant la saison et la fortune des malades ; il est uniforme pour ceux dont le gouvernement paie la pension : il n'en est pas ainsi de la nourriture, elle est la même pour tous; abondante sans profusion, saine sans trop de recherche, elle est telle qu'on peut le désirer , et ne subit de changement, soit en quantité, soit en qualité , que d'après l'ordonnance des médecins.

Les aliénés sont toujours libres , à moins que des accès de fureur ne les rendent dangereux pour leurs gardes , pour les autres aliénés ou pour eux-mêmes. Dans leur état de tranquillité , plusieurs jouissent d'une salle de récréation , à laquelle se trouvent réunis un cabinet de lecture et une bibliothèque , qui seront bientôt en état d'être mis à leur disposition ; il n'y aura que des livres choisis propres à les amuser : on y joindra une salle de billard ; déjà la construction en est commencée. En attendant, quelques-uns font de la musique ; ceux qui ne sont pas riches jouent entre eux, travaillent au jardin, s'occupent à leur ancien état : ils n'ont aucune obligation à remplir, ils prennent, ils quittent l'ouvrage au gré de leur caprice ; enfin, on leur procure beaucoup de distraction sans chercher à les fatiguer, encore moins à les contrarier.

Les appartemens, les chambres, les cellules communiquent par de larges corridors qui servent de promenades aux malades lorsqu'il fait mauvais temps : aussitôt que la nuit arrive, que les aliénés ont pris le repas du soir, chacun se retire dans sa chambre, les gardiens ferment toutes les portes ; mais l'air circule partout avec la plus grande facilité, au moyen de ventilateurs que l'on peut ouvrir à volonté: des guichets permettent de voir ce qui se passe à l'intérieur, de sorte que jamais ces êtres privés de raison ne sont livrés à eux-mêmes. Pendant le jour, ils se promènent dans des jardins, dans des cours plantées d'arbres, etc. Enfin, des bains, des douches, des voitures se trouvent dans la maison, pour l'agrément comme pour l'utilité des malades. A la fin de 1823, il y avait cent soixante-dix aliénés, savoir : cent femmes et soixante-dix hommes.

Après avoir décrit l'établissement destiné aux aliénés, je dois parler de l'espèce de dispensaire formé dans la maison du Bon-Sauveur. Une vaste salle est disposée de manière à recevoir les malades, les blessés qui se présentent; tout est préparé pour leur donner les premiers secours en attendant que le médecin arrive : deux religieuses sont toujours dans cette salle, prêtes à soigner les malheureux que l'on y conduit; elles veillent sur eux, elles les consolent, et relèvent leur courage abattu : leur expérience, leur éducation les mettent à même de remplacer momentanément les hommes de l'art, que l'état actuel du Bon-Sauveur ne permet pas encore d'avoir à demeure dans la maison.

Au dehors, deux autres religieuses visitent constamment les pauvres dans leur domicile; elles y font le service de gardes-malades, et la maison leur fournit les bouillons, les médicamens, le bois, enfin tout ce qui est nécessaire pour rendre la santé à des hommes pour qui elle est si précieuse et si utile. Combien de fois une nombreuse famille ne s'est-elle pas vue soustraite à la mendicité, par les soins qui ont rendu l'existence à celui dont le travail journalier la fait seul subsister ; les besoins de tout genre, autant que la maladie, altéraient toutes les sources de la vie ; la mort approchait rapidement; les religieuses, anges de bonheur, se présentent, le mal est arrêté, et le père de famille, rendu bientôt à ses travaux, bénit chaque jour la main qui l'a sauvé. Cet établissement est donc de la plus grande utilité dans ce faubourg, éloigné des hôpitaux et des médecins ; le malade y languirait longtemps ; le mal, en augmentant faute de secours, deviendrait quelquefois mortel : le dispensaire du Bon-Sauveur, les visites des religieuses chez les pauvres, doivent donc être considérés comme d'un intérêt majeur sous le rapport des services rendus à l'humanité.

Le troisième établissement est destiné aux sourds-muets ; c'est un des plus intéressants ; de cinquante à soixante élèves qui s'y trouvent ordinairement vingt sont admis gratuitement. M. l'abbé Jamet est leur principal instituteur : il les instruit d'après une méthode qui lui est propre; elle diffère de celle de l'abbé Sicard, et il l'a développée dans deux mémoires d'une profonde érudition, qu'il a présentés à l'académie royale des sciences, arts et belles-lettres de la ville de Caen, qui en ordonna l'impression à ses frais (1). Il est aidé dans ces importantes fonctions par M. l'abbé Chuquet, aumônier de la maison, par M. de Germont, répétiteur, ainsi que par des religieuses, dont le nombre, de douze ordinairement, varie suivant celui des élèves, et surtout suivant l'intelligence et les progrès de ces derniers : ils apprennent la lecture, l'écriture, les mathématiques élémentaires, les langues française et latine, l'histoire, la géographie, l'art de raisonner et de définir les objets, enfin leur religion. Ces êtres disgraciés par la nature doivent à leur respectable instituteur, ce qui peut rendre heureux dans ce monde, c'est-à-dire, la connaissance d'un Dieu, d'une autre vie et une éducation soignée, analogue à celle des autres hommes : ils ne sont plus isolés, ils peuvent jouir de la société de leurs semblables ; mais leur instruction est toujours en rapport avec l'état qu'ils devront avoir dans la so-

(1) M. Jamet travaille au dictionnaire ainsi qu'à la grammaire des sourds-muets. De tels ouvrages deviennent universels, et prouvent que leur auteur, aux talens administratifs que personne ne peut lui contester, réunit de grandes connaissances dans la métaphysique du langage.

ciété les sciences et les arts d'agrément sont l'apanage des uns ; les autres sont exercés à des métiers utiles , qui leur procureront par la suite une existence indépendante et honorable. C'est parmi eux que la maison trouve une partie de ses ouvriers ; plusieurs fois , dans le courant de l'année , M. l'abbé Jamet, dans des séances publiques , fait répéter à ses élèves les leçons qu'il leur donne ; et par la rapidité , la précision de leurs réponses aux questions qu'on leur adresse , ils prouvent de la manière la plus évidente combien la méthode de leur professeur est supérieure à toutes les autres : elle a été appréciée par les chefs de l'institution des sourds-muets de la capitale. (1) Ils ont em-

(1) Un jeune sourd-muet , venant de l'institution de Paris , et se rendant dans sa famille à Saint-Lo , fut introduit dans la classe du Bon-Sauveur ; il se vit surpassé par plusieurs élèves qui avaient beaucoup moins d'années d'exercice que lui.

Parmi les étrangers qui ont visité le Bon-Sauveur , l'on doit citer M. l'abbé Goudelin, que l'abbé Sicard avait désigné pour son successeur , et qui a fait le voyage de Caen exprès pour connaître M. Jamet et conférer avec lui. M. Goudelin désirait que l'on pût réunir tous les maîtres de l'enseignement des sourds-muets , pour faire choix d'une méthode qui serait devenue commune et générale ; celle de Caen lui semblait préférable à toutes les autres, du moins , on a lieu de le présumer.

M. le Préfet de la Sarthe a envoyé , au mois de novembre

pêché M. Jamet de faire interroger en séance publique deux de ses élèves, qu'il avait conduits à Paris, uniquement dans l'espoir de faire juger aux savans si la méthode qu'il employait était préférable ou non à celle de feu l'abbé Sicard ; ils auraient fait les mêmes questions aux élèves des deux écoles, et leurs réponses auraient fixé les idées sur un objet de la plus grande importance, encore douteux pour les personnes qui n'ont pas assisté aux séances des élèves de M. Jamet.

Le Bon-Sauveur renferme un quatrième établissement digne de rivaliser avec les trois premiers par son utilité ; c'est une pension de jeunes demoiselles ; aucune n'est admise au-dessus de quatorze ans : elles apprennent la lecture, l'écriture, l'arithmétique, les langues, l'histoire, la géographie, un peu de géométrie, et même la botanique usuelle ; les arts d'agrément ne sont pas négligés ; et des leçons de dessin, de musique et de danse sont données aux élèves, à la volonté des parents : on leur enseigne à manier l'aiguille, à faire de la dentelle,

1823, une jeune personne pour apprendre, sous M. Jamet, instruire les sourds-muets, d'après la méthode employée à l'institution du Bon-Sauveur et dont les résultats sont si avantageux.

telle, à la blanchir, à la raccommoder, surtout à bien diriger une maison, à tenir les comptes avec exactitude et clarté ; elles-mêmes travaillent à leurs habillemens, et jamais personne ne les aide dans leur toilette. Enfin, rien n'est épargné pour les rendre propres à devenir de bonnes mères de famille, sages, économes et religieuses. Le nombre de ces élèves varie de trente-six à quarante. Les institutrices qui les surveillent et qui les instruisent appartiennent toutes à la maison, comme dames ou novices, à l'exception des maîtres de danse et de musique.

Il est impossible d'apercevoir la plus légère différence entre les élèves payants et les élèves gratuits de ces deux écoles ; tout est égal entre eux, tant pour la nourriture que pour l'éducation. J'ai assisté plusieurs fois à leurs repas, et je n'ai jamais vu de pension où les enfans fussent mieux nourris : s'il y avait quelque chose à blâmer, ce serait l'abondance et la variété des mets, beaucoup d'élèves n'étant pas destinés à trouver dans leurs familles une nourriture ni aussi variée, ni aussi bonne.

Les dortoirs sont grands, aérés ; chaque élève a sa cellule ou bien une alcove fermant

2

à clef : pendant la nuit, il y a partout de la lumière et des domestiques pour veiller aux besoins des enfans.

Le pain se fait dans la maison ; il y en a de deux qualités ; la première est destinée uniquement aux malades ; la deuxième aux personnes bien portantes : la viande est achetée chez un boucher ; les fruits et les légumes sont fournis par les jardins ; le cidre est brassé dans la maison ; et le vin, en général, de Bordeaux ou de Bourgogne, est choisi avec soin.

L'on peut regarder comme un cinquième établissement l'école gratuite où sont admises cent quinze à cent vingt petites filles de tout âge, qui viennent profiter d'une partie des leçons que l'on donne aux jeunes pensionnaires : surveillées par quatre dames, elles reçoivent une éducation en rapport avec l'état qu'elles doivent embrasser ; on cherche surtout à leur donner des principes de religion et de morale, qui leur serviront quelques années plus tard à éviter les folies et les écarts de la jeunesse, et qui en feront par la suite de bonnes mères, de bonnes femmes de ménage. Ces écolières appartiennent presque toutes à des familles pauvres qui habitent auprès du couvent, et l'influence de l'éducation qu'elles y reçoivent se fait sentir d'une manière très-marquée sur les mœurs des habitans de ce quartier.

Enfin, le Bon-Sauveur renferme un sixième établissement qu'il est nécessaire de faire connaître, c'est celui des dames en chambre : le nombre en est de vingt ordinairement. Elles y jouissent de la plus entière liberté : suivant leur fortune et la pension qu'elles paient, elles habitent des appartemens composés de plusieurs pièces, ou bien de simples chambres meublées avec élégance ; rien n'y est épargné de ce qui peut contribuer à l'agrément, à la commodité. Quelques-unes de ces dames ont des domestiques à leurs gages, les autres ont à leurs ordres ceux de la maison : plusieurs d'entre elles mangent ensemble à la même table ; il en est de plus riches qui se font servir dans leurs appartemens.

C'est là que beaucoup de mères se retirent pour assister à la première communion de leurs filles ; de la manière dont une jeune personne s'acquitte de ce devoir, dépend souvent le bonheur de sa vie entière : plusieurs dames vont de temps en temps dans cette retraite pour s'y reposer des fatigues du grand monde, pour échapper momentanément aux devoirs, aux habitudes gênantes de la société; d'autres enfin y sont attirées par l'espoir d'y trouver cette tranquillité de l'âme et du corps, si incompatible avec les plaisirs bruyants que la jeunesse recherche avec tant d'avidité; souvent une santé délabrée s'y rétablit au moyen du régime et du repos, après avoir employé tous les remèdes, et lassé toute la science des médecins.

Tels sont les établissemens dont le Bon-Sauveur se compose; c'est un ensemble immense dans lequel chaque partie, quoique distincte, semble ne former qu'un seul tout par les Religieuses, qui en font le service avec une activité, un zèle admirables.

Leur nombre est aujourd'hui de cent vingt-cinq ; savoir: soixante-quinze dames professes et cinquante novices ou postulantes : leur règle ne diffère presque point de celle des religieuses de la Visitation; elles sont chargées de tous les ouvrages de la maison; elles fournissent des maîtresses d'école pour la campagne; elles volent soigner les malades partout où des épidémies se déclarent; elles trouvent dans la religion, la force d'âme nécessaire pour braver la mort, qui les menace à chaque instant ; leur dévouement est aussi entier que celui des dames de la Charité, que l'on a vues rivaliser de zèle avec les médecins français que l'Espagne regarde comme des bienfaiteurs. Ainsi que Mazet à Barcelonne, plusieurs religieuses du Bon-Sauveur ont été victimes de ces épidémies, mais l'histoire a déjà immortalisé le nom du premier, et l'on a ignoré jusqu'à ce jour les noms de ces religieuses, comme lui, martyres de l'humanité. De pompeuses cérémonies, une nombreuse population ont accompagné les restes du médecin français ; la tombe de nos saintes victimes ne fut arrosée que des larmes de leurs compagnes, qui enviaient une si belle mort : à Caen, les sœurs Lecouvreur-de-la-Fontaine et Piquenot périrent, en 1781, par les fièvres épidémiques de Vaucelles ; en 1790, ce faubourg fut encore dévasté par une épidémie meurtrière ; c'était une fièvre miliaire à laquelle peu de malades échappaient ; les religieuses du Bon-Sauveur volèrent au secours des pauvres et leur rendirent tous les soins qui dépendaient d'elles ; quatre succombèrent à l'excès de la fatigue et aux atteintes de la contagion ; elles se nommaient Bulot, Fauvel, Fossay et Hastain ; elles reçoivent dans le Ciel la récompense qui leur est due, la seule qu'elles ambitionnaient (1).

Enfin, toujours et partout les dames du Bon-Sauveur donnent aux malades les soins qu'ils auraient reçus au sein de leurs familles, de leurs mères ou de leurs sœurs; elles semblent les remplacer, et la reconnaissance, plus encore que l'usage, leur en donne le nom.

(1) En 1768, un flux de sang épidémique se manifesta à Tilly avec une telle violence, qu'il périssait un grand nombre de malades. M. de Fontette y appela les religieuses du Bon-Sauveur; deux d'entr'elles furent choisies pour aller y porter des secours, et ce furent les sœurs de la Rivière et Blondel qui obtinrent cette faveur. Dès le moment où ces dames prirent le soin des malades, la contagion cessa ses ravages, et personne ne mourut, si ce n'est le vicaire de Tilly, déjà frappé de la maladie, et qui se trouvait alors sans espoir de guérison.

Lorsque l'on creusa, en 1781, le canal de Vaucelles pour redresser le cours de la rivière, des fièvres épidémiques se déclarèrent dans ce quartier populeux, principalement dans les parties basses; le nombre des individus frappés de la contagion était effrayant; dans la maison du Bon-Sauveur, l'on en compta jusqu'à soixante-dix à la fois. Malgré ce grand nombre de malades, la maison fournissait du bouillon et des tisannes à plus de trois cents personnes, et quatre religieuses allaient encore dans la ville soigner les malades pauvres: deux y périrent victimes de leur dévouement: ce furent les sœurs Lecouvreur-de-la-Fontaine et Piquenot.

Rien n'égale leur patience, quand il s'agit de veiller sur des êtres que la raison a abandonnés, sur ceux chez lesquels elle n'est pas encore formée ; et l'enfance trouve auprès d'elles ces soins minutieux dont le premier âge ne peut se passer.

Il est néanmoins beaucoup de choses que les femmes seules ne peuvent faire ; la nature, la religion surtout, leur donnent bien cette force d'âme, cette courageuse résignation indispensable pour accomplir leurs devoirs ; mais la force du corps leur manque : alors des serviteurs les remplacent. Leur nombre est considérable, il y a six gardiens pour les aliénés, davantage lorsqu'il y a nécessité ; six jardiniers soignent l'immense jardin de la maison, deux boulangers, deux serruriers, deux domestiques pour les sourds-muets, font le travail nécessaire et sont aidés par quelques aliénés et par d'autres sourds-muets. Le cocher va chercher les malades, souvent il les promène dans la campagne pour les distraire par l'aspect d'un beau paysage, d'une belle nature, par la variété des objets ; les tailleurs sont remplacés par des religieuses ; elles font elles-mêmes tout ce qui est relatif aux habillemens ; c'est un objet de la plus grande économie dans une maison aussi nombreuse.

La lingerie mérite d'être visitée avec attention ; il est impossible de rien voir de mieux ordonné, de plus sagement distribué : chaque individu a une case particulière pour les objets qui sont à son usage, et chaque objet est placé de manière qu'à tout instant il est aisé de connaître ce qu'on peut employer et ce qui manque : plusieurs religieuses sont attachées à la lingerie ; leurs ouvrages présentent une perfection que l'on chercherait en vain dans les maisons où l'on est forcé de tout payer.

Une seule cuisine est établie pour le service de tout le Bon-Sauveur ; cependant il en existe de particulières dans chaque établissement pour réchauffer les alimens, et même pour en préparer de particuliers, suivant le caprice des malades. La propreté, l'abondance dirigée par une sage économie, se font remarquer dans la préparation et dans la distribution des alimens.

Lorsque l'on considère l'état si différent et le nombre des individus que la maison est chargée de nourrir, on est étonné qu'ils soient servis presque tous à la même heure : chacun reçoit ce qui lui est nécessaire avec une promptitude admirable : le cidre, le pain ne sont point fixés, et cependant il n'y a point de prodigalité; la surveillance est constante et jamais elle ne se fait sentir. Un pareil résultat ne peut s'obtenir qu'au moyen de l'ordre ferme et invariable qui règne dans toutes les parties de cet immense établissement; chacun sait d'avance ce qu'il doit faire, et le travail du lendemain ne différant point de celui de la veille, l'ouvrage se fait presque sans commandement.

Le terrain occupé par le Bon-Sauveur offre une étendue de plus de quinze arpents; sa situation est des plus agréables et des plus salubres: assez élevé pour avoir partout des eaux vives et courantes, il n'est pas sujet aux brouillards, à l'humidité des parties basses de la ville: des prairies plantées de pommiers, des jardins environnent les différents établissements et semblent les isoler. Enfin, un bassin profond et d'une grande surface a été creusé pour les besoins de la maison, surtout pour remplacer les eaux de l'Odon lorsqu'elles viennent à manquer.

Les édifices sont construits avec la plus grande solidité, et toujours suivant le but auquel ils sont destinés; il y en a un grand nombre d'achevés, et ce sont les plus essentiels ; d'autres sont commencés ; quelques-uns n'existent encore qu'en projet ; l'on reconnaît déjà dans leur ensemble l'exécution d'un plan uniforme, vaste et régulier, dans lequel tout a été prévu, tout a été calculé d'avance ; encore quelques années, et tout sera terminé.

Les revenus du Bon-Sauveur ne sont pas considérables : ils consistent dans le prix des pensions et dans le revenu particulier des dames de la maison ; quelques-unes même, sacrifiant leur fortune toute entière à l'agrandissement du Bon-Sauveur, ont fourni les moyens d'admettre sans dot plusieurs demoiselles appartenant à des familles distinguées, mais pauvres ; une vocation déterminée a suffi pour les faire recevoir. Ce n'est pas avec d'aussi faibles ressources que cette maison a pu acheter le terrain qu'elle occupe et faire construire les nombreux bâtimens qui lui étaient indispensables : elle a trouvé la plus grande partie des sommes qui lui étaient nécessaires dans la charité des fidèles, dans la générosité du conseil général ; mais ce bienfait portait en lui-même sa récompense, il a empêché le département d'être chargé de la dépense énorme qu'aurait occasionné la construction d'une maison particulière pour les aliénés, assez étendue pour classer les hommes et les femmes, les vieillards et les enfans, les épileptiques et les maniaques, les convalescents et les furieux, etc. Il eût fallu, à cet effet, des logemens très-multipliés, des cours séparées, en un mot, un système de construction fort dispendieux par la multitude des établissemens partiels qu'il aurait nécessités : que l'on y ajoute la dépense des aliénés pour leur nourriture et leur vestiaire, pour le salaire des employés, etc.; il sera facile de se convaincre que les arrangemens faits entre le conseil général et le Bon-Sauveur, sont autant à l'avantage des contribuables que de la maison religieuse. C'est à l'homme habile qui administre le département, à M. le comte de Montlivault, que l'on doit et la première idée et l'exécution de ce projet : secondé par les membres qui composent le conseil général, il a aidé le chef du Bon-Sauveur à donner à cette maison l'importance qu'elle a obtenue. Cet administrateur, ainsi que M. le comte de Vendeuvre, maire de la ville, n'ont cessé de prendre l'intérêt le plus vif à son agrandissement ; ils y ont contribué de tout leur pouvoir. Faut-il être utile, faut-il faire du bien? l'on est sûr de trouver le chef du département, le maire de la cité toujours réunis dans l'exécution des projets utiles à la ville de Caen.

Le Bon-Sauveur fut fondé vers 1720 par une demoiselle nommée Anne Leroy, de Caen. Elle forma le dessein d'établir une communauté ou plutôt un institut non cloîtré qui pût remplacer celui de la Visitation, que l'on doit à St. François de Sales, et rendre à la société les services que ce vertueux prélat en attendait : ils étaient nuls pour l'humanité depuis que les religieuses de la Visitation avaient adopté la clôture.

Anne Leroy, jeune et riche, appela près d'elle quatre autres demoiselles de bonne famille : elles se nommaient le Couvreur-de-la-Fontaine, de la Rivière, Loriot et Pennier.

Elles se réunirent toutes cinq à Vaucelles, dans une maison qui appartenait à la fondatrice.

Monseigneur de Luynes, alors évêque de Bayeux, bénit leur chapelle.

En 1734, elles obtinrent du Roi des lettres-patentes et prirent dès ce moment le nom de FILLES DU BON-SAUVEUR : ces lettres-patentes ne furent enregistrées au parlement de Rouen qu'en 1751.

Protégées par tous les amis de l'humanité

et de la religion, ces saintes filles jouissaient sans éclat du plaisir de faire du bien. Guérir des malades de leur sexe, les soigner, se sacrifier pour elles, adorer sans cesse l'Etre-Suprême, et rapporter tout à lui, était leur unique ambition : la révolution éclata, et, comme les autres maisons religieuses, elles en furent les premières victimes ; mais leur utilité les préserva encore quelque temps d'une entière destruction.

En 1793, l'on s'empara d'une partie de leur habitation, l'autre leur fut abandonnée pour qu'elles pussent continuer leurs soins à une vingtaine de femmes aliénées dont les autorités ne savaient que faire ; elles y restèrent encore trois ans ; mais renvoyées en 1795 de leur premier domicile, elles le quittèrent pour toujours et se retirèrent avec leurs malades, à Mondeville, où elles ont demeuré jusqu'en 1805.

En 1792, plusieurs religieuses avaient été forcées de se séparer de leurs compagnes ; elles louèrent une maison près la place Saint-Sauveur, et consacrèrent leur temps à l'éducation de quelques jeunes demoiselles ; en 1799, elles allèrent s'établir dans la rue St.-Martin ; en 1804, la maison actuelle fut achetée ; dès le mois de novembre, elles vinrent s'y établir, et tout préparer pour y recevoir leurs sœurs de Mondeville, ainsi que les malades qu'elles soignaient; enfin, le 22 mai 1805, elles furent toutes réunies, après une séparation de plus de vingt ans; leur nombre n'était que de seize dames, reste précieux des vingt-trois qui composaient le Bon-Sauveur en 1791.

Jamais l'époque de leur installation dans le nouveau local ne sera oubliée; c'est un jour de fête pour la maison : le démon de la révolution avait séparé les enfans d'une même famille, Dieu les a de nouveau réunis pour toujours, et le jour de cette réunion est à jamais consacré à bénir le Seigneur, à le remercier d'un bonheur que l'on n'espérait plus. M. l'abbé Jamet, directeur et aumônier du Bon-Sauveur dès 1790, n'a jamais abandonné des cœurs dont il appréciait le mérite; il a suivi les religieuses à St.-Martin, il visitait celles de Mondeville, et l'on peut dire que c'est à lui que ces dames doivent l'établissement qu'elles possèdent.

C'est donc en 1805 que les dames du Bon-Sauveur ont été définitivement établies dans le local actuel. Que de changemens, quel accroissement prodigieux, depuis cette époque! L'on a commencé à y instruire les sourds-muets en 1817 : les hommes aliénés y sont entrés en 1818 : depuis leur origine, les dames du Bon-Sauveur ont soigné les femmes que la raison a abandonnées ; c'est même un des buts principaux de leur institution, et jamais, à aucune époque, elles n'ont cessé de remplir ces devoirs sacrés que leurs vœux leur imposent.

Si l'on compare l'établissement du Bon-Sauveur avec ceux du même genre que l'on trouve en France, l'on sera forcé de reconnaître combien il leur est supérieur en tout genre ; il est facile d'en juger par les descriptions que plusieurs ouvrages renferment ; descriptions que l'imagination de l'auteur a souvent embellies, et qui s'éloignent plus ou moins de la vérité. Je ne crains point le même reproche : parmi vous, Messieurs, il en est peu qui n'aient visité le Bon-Sauveur, et qui ne trouvent ce que je dis de cet établissement plutôt incomplet qu'exagéré. A qui doit-il ce qu'il est devenu en si peu de temps, ce qu'il deviendra par la suite ? à un seul homme, que les sourds-muets regardent comme un père, les aliénés comme un ami, les pauvres comme un bienfaiteur, les malheureux comme un consolateur.

Je termine, Messieurs, cette description rapide du Bon-Sauveur de Caen ; il m'aurait été facile de l'étendre davantage ; j'ai cru devoir me borner aux principaux objets, à ceux qui fixent plus particulièrement l'attention des étrangers, et qui peuvent donner une idée juste et exacte de cette vaste réunion d'établissemens si utiles à l'humanité.

EXTRAIT DU REGISTRE DES SÉANCES PARTICULIÈRES DE L'ACADÉMIE.

Séance du 12 mars 1824.

L'Académie, après avoir entendu la lecture du Mémoire de M. Lamouroux sur les établissemens créés par M. l'abbé Jamet dans la maison dite du Bon-Sauveur, à Caen, arrête que ce Mémoire sera imprimé.

Pour copie conforme,

HÉBERT, secrétaire.

www.ingramcontent.com/pod-product-compliance
Ingram Content Group UK Ltd.
Pitfield, Milton Keynes, MK11 3LW, UK
UKHW022159190726
13855UKWH00004B/1540

9 782013 072168